MOLIÈRE

—

LE MEDECIN

MALGRÉ LVY

RÉIMPRESSION DES ÉDITIONS ORIGINALES

DES PIÈCES DE MOLIÈRE

———

LE MEDECIN MALGRÉ-LUY

Tirage.

350 exemplaires sur papier vergé (n°s 44 à 393).
 20 — sur papier Whatman (n°s 24 à 43).
 20 — sur papier de Chine (n°s 4 à 23).
  2 — sur parchemin (n°s 2 et 3).
  1 — sur vélin (n° 1).

393 exemplaires, numérotés.

N^o

MOLIÈRE

LE

MEDECIN MALGRÉ-LUY

Édition originale

RÉIMPRESSION TEXTUELLE PAR LES SOINS

DE

LOUIS LACOUR

PARIS

LIBRAIRIE DES BIBLIOPHILES

Rue Saint-Honoré, 338.

M DCCC LXXIV

NOTICE

L'HISTOIRE littéraire du *Médecin malgré lui* est trop connue pour que nous jugions utile de rappeler quels rapports existent entre cette comédie et les fables et fabliaux du moyen âge, l'*Avocat Patelin*, le *Vilain Myre*, etc., ce dernier mis plus tard en dialogue par les contemporains de Rabelais à Montpellier, sous le titre de *La morale comedie de celluy qui avoit espousé une femme mute*. Les représentations dramatiques étaient depuis longtemps en honneur dans le monde des étudiants en médecine et de la basoche du Languedoc à l'époque du passage de Molière. Les futurs docteurs, principalement, jouaient de tradition des farces, imitées des *gothiques*,

où les ridicules de l'art qu'ils allaient profes-
ser n'étaient pas ménagés. Avec l'esprit d'as-
similation qu'on lui connaît, Molière fit une
ample récolte de bonnes plaisanteries en fré-
quentant cette jeunesse, amie des satires
joyeuses. C'est dans ce sens que nous inter-
prétons l'exclamation du poëte sous l'habit
de Sganarelle au commencement du *Médecin
malgré lui :* « Trouve-moi un faiseur de fagots qui ait servi six ans un fameux médecin. » Ce qui veut dire clairement : « Trou-
vez-moi un comédien qui ait vécu des années
en société avec les médecins, et qui puisse
en raisonner mieux. » Car, au temps du long
séjour de Molière à Montpellier, cette ville,
quoique chef-lieu important d'assemblées po-
litiques et de magistrature, était avant tout
université, et chacun devenait un peu médecin
au contact forcé des étudiants[1].

[1]. Dans un statut de l'an 1502 du *Liber rectorum*
de l'Université de Montpellier, cité par M. A. Germain
(*La Renaissance à Montpellier*, 1871, in-4°), on voit
que la lutte existant entre les élèves de l'École de médecine et ceux de l'École de droit avait amené ces der-
niers à composer des scènes dramatiques où ils tour-
naient en ridicule les travers de la profession médi-
cale. Rabelais et Molière ont puisé tour à tour à cette
source : « Les médecins, est-il dit dans le passage en
question , ont la détestable habitude de s'attaquer,
dans leurs jeux publics, à notre glorieuse université
de droit, comme si les précieuses perles du droit ca-

Dès l'époque de ses pérégrinations, Molière mit à la scène, sous le titre du *Médecin volant*, une farce qu'on peut regarder comme l'idée première du *Médecin malgré lui*. Il montra dans la suite une grande prédilection pour ce même sujet, mais surtout de 1661 à 1664, où il le produisit tour à tour sous les titres du *Fagotier*, du *Fagoteux* et du *Médecin par force*. Enfin le *Médecin malgré lui*, dans son texte définitif, arriva à la publicité sur la scène du Palais-Royal le 6 août 1666. Cette pièce, jouée après le *Misanthrope* et conçue dans un esprit si opposé, réussit rapidement. On en a pour témoignage le gazetier Robinet dans sa lettre en vers du 15 août 1666 :

> *Un* Médecin *vient de paraître*
> *Qui d'Hippocrate est le grand maître.*

non et du droit civil, qui, en même temps qu'elles ornent l'âme et l'esprit de vertu et de science, régissent le corps, et enseignent à l'homme le moyen d'arriver à la patrie céleste, pouvaient entrer en comparaison avec leurs fétides et ordurières opérations! Eh bien! nous aurons, nous aussi, en nous cotisant, afin de les payer de leur monnaie, nos représentations scéniques et nos joyeusetés, *où nous saurons leur renvoyer leurs brocards*, et dont le libre essor contribuera, en aiguisant notre sagacité, à nous dédommager de leurs diatribes, et à entretenir parmi nous une salutaire émulation. »

> *On peut guérir en le voyant,*
> *En l'écoutant, bref, en riant...*
> *Or ce* medicus *tout nouveau,*
> *Et de vertu si singuliere,*
> *Est le propre monsieur Moliere,*
> *Qui fait, sans aucun contredit,*
> *Tout ce que ci-dessus j'ai dit...*

Subligny, inspiré par le même succès, disait à son tour, dans *La Muse dauphine* ·

> *Rien au monde n'est si plaisant*
> *Ni si propre à vous faire rire :*
> *Et je vous jure qu'à présent*
> *Que je songe à vous en écrire,*
> *Le souvenir fait, sans le voir,*
> *Que je ris de tout mon pouvoir.*
> *Moliere, dit-on, ne l'appelle*
> *Qu'une petite bagatelle :*
> *Mais cette bagatelle est d'un esprit si fin*
> *Que, s'il faut que je vous le die,*
> *L'estime qu'on en fait est une maladie*
> *Qui fait que dans Paris tout court au Médecin.*

L'édition *princeps* est un petit in-12 de 3 feuillets préliminaires et 152 pages, avec frontispice gravé. Celui-ci n'est pas signé, et l'on chercherait en vain les traits de Molière dans cette estampe imparfaite. Quant aux divers costumes de Sganarelle, on a, pour les décrire, des éléments définitifs dans la note qui figure à l'inventaire publié par M. Soulié

(*Recherches sur Molière*) : « Pourpoint, haut-de-chausses, col, ceinture, fraise et bas de laine et escarcelle, le tout de serge jaune garnie de radon vert ; une robe de satin avec un haut-de-chausses de velours ras ciselé. »

Le texte de 1667 contient des incorrections auxquelles nous n'avons touché qu'avec le plus grand scrupule, trouvant plus conforme aux règles que nous nous sommes tracées de laisser au lecteur le soin de l'interprétation des passages prétendus défectueux. On remarquera des jeux de scène indiqués avec soin, preuve de l'importance que Molière attachait à tout ce qui constituait la partie comique de sa pièce ; la plupart des mouvements signalés devaient provoquer le rire non moins que le dialogue, auquel ils se lient d'une manière intime.

On peut ranger au nombre des éditions originales du *Médecin malgré lui* la réimpression pour laquelle Molière obtint un privilége au mois de mars 1671, réimpression qui fut deux ans, à s'achever, et qui parut enfin avec cette mention : « Et se vend pour la veuve de l'auteur. » (*Paris, Henry Loyson*, 1673, in-12.) Ce texte contient plusieurs variantes dont nous avons tenu compte dans les notes suivantes.

NOTES ET VARIANTES

Page 7, ligne 5. *Becque-cornu*, de l'italien *becco cornuto*, bouc portant cornes. Cette leçon vaut mieux que *bec cornu* des éditions modernes.

P. 19, l. 9. *Je n'oublie pas mon ressentiment.*
VAR. : « Je n'oublierai pas mon ressentiment. » (1673.)

P. 21, l. 2. *Nous vaudroit quelque recompense.*
VAR. : « Nous vaudra quelque recompense. » (1673.)

P. 23, l. 17. *Et nous avons icy un homme.*
VAR. : « Et nous avons un homme. » (1673.)

P. 29, l. 15. *Pour un coup.*
VAR. : « Pour boire un coup. » (1673.)

P. 31, l. 1. *Qu'ils sont doux.* On connaît l'agréable traduction *latine* que le président Rose, membre de l'Académie française et secrétaire de Louis XIV, fit de ce couplet. Particularité singulière dans l'histoire de la célèbre compagnie : il n'existe pas d'autre ouvrage de cet immortel !

Page 36, ligne 4. *Faut-il, Monsieur, qu'une personne.* Dans l'original il y a « Bersonne ».

P. 39, l. 8. *Il faut s'y résoudre.*

VAR. : « Il faut donc s'y résoudre. » (1673.)

P. 45, l. 7. *Puis se tournant vers Lucas.* Dans l'original il y a « ver Lucas ».

P. 46, scène 1. On lit « scène II » dans l'édition *princeps.*

P. 65, l. 13. *Respond par signes.* Dans la même édition il y a *pour* signes.

Même p., l. 19. Toutes les éditions portent que Lucinde continue *les mêmes gestes*, au lieu de « menus gestes » qu'on lit dans la première édition.

P. 66, l. 4. *La contrefaisant.* Il y a « la contrefaisante » dans la même édition.

P. 71, l. 19. En terminant cette tirade, empruntée en partie à la grammaire latine de Despautère, Sganarelle renverse son siége et se laisse choir.

P. 73, l. 13. *Ossabandus.* Ce mot et les deux suivants semblent une réminiscence de la comédie de *La Sœur*, de Rotrou, à laquelle Molière a fait divers emprunts.

P. 78, *in fine. Ce n'est pas l'argent qui me fait agir.* Imité de Rabelais (*Pantagruel*, l. III, ch. xxxiv), qui met en scène *Rondibilis*, c'est-à-dire son condisciple Rondellet. Les modernes biographes de ce docteur ne savent pas mauvais gré à Rabelais de cette plaisanterie, et n'y voient avec raison qu'un badinage à l'égard des médecins en général.

P. 91, l. 3. *Avec des lassitules.*

VAR. : « Lassitudes. » (1673.)

Page 107, ligne 3. *Monsieur, je vous prie de la 'faire redevenir muette.* Autre passage emprunté à *La morale comedie de celluy qui avoit espousé une femme mute*, jouée par Rabelais à Montpellier, et analysée dans le *Pantagruel* (*loc. cit.*). Molière, comme nous l'avons dit , n'avait pas eu besoin de recourir cette fois au conteur, et pendant son séjour dans la capitale du Languedoc il avait pu recueillir de la bouche même des étudiants la tradition joyeuse de la femme mute.

LE
MEDECIN
MALGRE'-LUY.
COMEDIE.

Par I. B. P. DE MOLIERE.

A PARIS,

Chez IEAN RIBOV, au Palais, sur le
Grand Peron, vis à vis la porte de l'Eglise
de la Saincte Chapelle, à l'Image S. Louis.

M. DC. LXVII.

Auec Priuilege du Roy.

ACTEVRS.

SGANARELLE. Maris de Martine.

MARTINE. Femme de Sganarelle.

M. ROBERT. Voisin de Sganarelle.

VALERE. Domestique de Geronte.

LVCAS. Maris de Iacqueline.

GERONTE. Pere de Lucinde.

IACQVELINE. Nourrice chez Geronte et
Femme de Lucas.

LVCINDE. Fille de Geronte.

LEANDRE. Amant de Lucinde.

THIBAVT. Pere de Perrin.

PERRIN. Fils de Thibaut Païsan.

EXTRAICT DV PRIVILEGE
du Roy.

PAr grace et Priuilege du Roy, donné à Paris le 8. iour d'Octobre 1666. Signé par le Roy en son Conseil GVITONNEAV. Il est permis à IEAN BAPTISTE POCQVELIN DE MOLIERE, Comediens de la Troupe de nostre tres-Cher et tres-Amé Frere Vniqve le duc d'Orleans, de faire imprimer, vendre et débiter vn Comedie par luy composée, Intitulé *Le Médecin, malgré-luy*, pendant sept années : et deffences sont faites à tous autres de l'imprimer, ny vendre d'autre Edition que celle de l'Exposant, ou de ceux qui auront droict de luy, à peine de quinze cens liures d'amande, confiscation des Exemplaires, et de tous despens, dommages, et interests, comme il est porté plus emplement par lesdites Lettres.

Registré sur le Liure de la Communauté. Signé. PIGET. *Sindic*.

Et ledit sieur de MOLIERE, a cedé et transporté son droict de Priuilege à IEAN RIBOV, Marchand Libraire à Paris, pour en ioüir suiuant l'accord fait entre-eux.

Acheué d'imprimer pour la premiere fois, le 24. Decembre. 1666.

LE MEDECIN
MALGRE'-LUY.
COMEDIE.

ACTE I.
SCENE I.

SGANARELLE, MARTINE.

Paroissant sur le Theatre en se querellant.

SGANARELLE.

NOn ie te dy que ie n'en veux rien faire : et que c'est à moy de parler, et d'estre le Maistre.

MARTINE.

Et ie te dy moy, que ie veux que

tu viues à ma fantaisie : et que ie
ne me suis point mariée auec toy,
pour souffrir tes fredaines.

SGANARELLE.

O la grande fatigue que d'auoir
vne Femme : et qu'Aristote a bien
raison, quand il dit qu'vne Femme
est pire qu'vn Démon!

MARTINE.

Voyez vn peu l'habile Homme,
auec son benest d'Aristote.

SGANARELLE.

Oüy, habile homme, trouue moy
vn Faiseur de fagots, qui sçache,
comme moy, raisonner des choses,
qui ait seruy six ans, vn fameux
Medecin, et qui ait sçeu dans son
ieune âge, son Rudiment par cœur.

MARTINE.

Peste du Fou fieffé.

SGANARELLE.

Peste de la Carogne.

MARTINE.

Que maudit soit l'heure, et le iour, où ie m'auisay d'aller dire oüy.

SGANARELLE.

Que maudit soit le Becque-cornu de Notaire, qui me fit signer ma rüine.

MARTINE.

C'est bien à toy, vrayment, à te plaindre de cette affaire : Deurois-tu estre vn seul moment, sans rendre grace au Ciel de m'auoir pour ta Femme, et meritois-tu d'espouser vne personne comme moy?

SGANARELLE.

Il est vray que tu me fis trop d'honneur : et que i'eus lieu de me loüer la premiere nuict de nos Nopces. Hé! morbleu, ne me fais point parler là dessus, Ie dirois de certaines choses...

MARTINE.

Quoy? que dirois-tu?

SGANARELLE.
Baste, laissons là ce Chapitre, il suffit que nous sçauons ce que nous sçauons : et que tu fus bien-heureuse de me trouuer.

MARTINE.
Qu'appelles-tu bien-heureuse, de te trouuer vn Homme qui me reduit à l'Hospital, vn Desbauché, vn Traistre qui me mange tout ce que i'ay.

SGANARELLE.
Tu as menty, i'en boy vne partie.

MARTINE.
Qui me vend, piece à piece, tout ce qui est dans le Logis.

SGANARELLE.
C'est viure de Menage.

MARTINE.
Qui m'a osté iusqu'au Lict que i'auois.

SGANARELLE.
Tu t'en leueras plus matin.

MARTINE.

Enfin, qui ne laisse aucun meuble dans toute la maison.

SGANARELLE.

On en demenage plus aisement.

MARTINE.

Et qui du matin iusqu'au soir, ne fait que iouër, et que boire.

SGANARELLE.

C'est pour ne me point ennüier.

MARTINE.

Et que veux tu pendant ce temps, que ie fasse auec ma Famille?

SGANARELLE.

Tout ce qu'il te plaira.

MARTINE.

I'ay quatre pauures petits Enfans sur les bras.

SGANARELLE.

Mets les à terre.

MARTINE.

Qui me demandent à toute heure, du pain.

SGANARELLE.

Donne leur le foüet. Quand i'ay bien beu, et bien mangé, ie veux que tout le monde soit saoul dans ma maison.

MARTINE.

Et tu pretens yvrogne, que les choses aillent tousiours de mesme?

SGANARELLE.

Ma Femme, allons tout doucement, s'il vous plaist.

MARTINE.

Que i'endure eternellement, tes insolences, et tes debauches?

SGANARELLE.

Ne nous emportons point ma Femme.

MARTINE.

Et que ie ne sçache pas trouuer le moyen de te ranger à ton deuoir?

SGANARELLE.

Ma Femme, vous sçauez que ie n'ay pas l'ame endurante : et que i'ay le bras assez bon.

MARTINE.
Ie me mocque de tes menaces.

SGANARELLE.
Ma petite Femme, ma mie, vostre peau vous demange, à vostre ordinaire.

MARTINE.
Ie te montreray bien que ie ne te crains nullement.

SGANARELLE.
Ma chere Moitié, vous auez enuie de me derober quelque chose.

MARTINE.
Crois-tu que ie m'épouuante de tes paroles?

SGANARELLE.
Doux Objet de mes vœux, ie vous frotteray les oreilles.

MARTINE.
Yurogne que tu-es.

SGANARELLE.
Ie vous battray.

MARTINE.
Sac-à-vin.

SGANARELLE.
Ie vous rosseray.

MARTINE.
Infame.

SGANARELLE.
Ie vous estrilleray.

MARTINE.
Traistre, insolent, trompeur, lâ-
che, coquin, pendard, gueux, be-
listre, fripon, maraut, voleur....

SGANARELLE.
Il prend vn baston, et luy en donne.

Ah! vous en voulez, donc.

MARTINE.
Ah, ah, ah, ah.

SGANARELLE.
Voila le vray moyen de vous ap-
paiser.

SCENE II.

MONSIEVR ROBERT,

SGANARELLE, MARTINE.

M. ROBERT.

Ola, hola, hola, fy, qu'est-ce-cy? qu'elle infamie, peste soit le Coquin, de battre ainsi sa Femme.

MARTINE.

Les mains sur les costez, luy parle en le faisant re-culer, et à la fin, luy donne vn souflet.

Et ie veux qu'il me batte moy.

M. ROBERT.

Ah! i'y consens de tout mon cœur.

MARTINE.

Dequoy vous meslez-vous?

M. ROBERT.

I'ay tort.

MARTINE.
Est-ce là vostre affaire?
M. ROBERT.
Vous auez raison.
MARTINE.
Voyez vn peu cét Impertinent, qui veut empescher les Maris de battre leurs Femmes.
M. ROBERT.
Ie me retracte.
MARTINE.
Qu'auez-vous à voir là dessus?
M. ROBERT.
Rien.
MARTINE.
Est-ce à vous, d'y mettre le nez?
M. ROBERT.
Non.
MARTINE.
Meslez-vous de vos affaires.
M. ROBERT.
Ie ne dy plus mot.
MARTINE.
Il me plaist d'estre battuë.

M. ROBERT.

D'accord.

MARTINE.

Ce n'est pas à vos despens.

M. ROBERT.

Il est vray.

MARTINE.

Et vous estes vn Sot, de venir vous fourrer où vous n'auez que faire.

M. ROBERT.

Il passe, en suite, vers le Mary, qui, pareillement, luy parle tousiours, en le faisant reculer : le frape auec le même Baston, et le met en fuite, il dit à la fin.

Compere, ie vous demande pardon de tout mon cœur, faites, rossez, battez, comme il faut, vostre Femme, ie vous aideray si vous le voulez?

SGANARELLE.

Il ne me plaist pas moy.

M. ROBERT.

Ah! c'est vne autre chose.

SGANARELLE.

Ie la veux battre, si ie le veux :

et ne la veux pas battre, si ie ne le veux pas.

M. ROBERT.

Fort bien.

SGANARELLE.

C'est ma Femme, et non pas la vostre.

M. ROBERT.

Sans doute.

SGANARELLE.

Vous n'auez rien à me commander.

M. ROBERT.

D'accord.

SGANARELLE.

Ie n'ay que faire de vostre aide.

M. ROBERT.

Tres volontiers.

SGANARELLE.

Et vous estes vn Impertinent, de vous ingerer des affaires d'autruy : apprenez que Ciceron dit, qu'entre l'arbre et le doigt, il ne faut point mettre l'escorce.

En suite, il reuient vers sa Femme, et luy dit, en luy pressant la main.

O ça faisons la Paix nous deux.

SGANARELLE.

Touche-là.

MARTINE.

Oüy! apres m'auoir ainsi battuë!

SGANARELLE.

Cela n'est rien, touche.

MARTINE.

Ie ne veux pas.

SGANARELLE.

Eh!

MARTINE.

Non.

SGANARELLE.

Ma petite Femme.

MARTINE.

Point.

SGANARELLE.

Allons, te dis-ie.

MARTINE.

Ie n'en feray rien.

SGANARELLE.
Vien, vien, vien.

MARTINE.
Non, ie veux estre en colere.

SGANARELLE.
Fy, c'est une bagatelle, allons,
allons.

MARTINE.
Laisse moy là.

SGANARELLE.
Touche, te di-ie.

MARTINE.
Tu m'as trop mal traitée.

SGANARELLE.
Et bien, va, ie te demande pardon,
mets là, ta main.

MARTINE.
Elle dit le reste bas.

Ie te pardonne, mais tu le payeras.

SGANARELLE.
Tu es vne Folle, de prendre garde
à cela. Ce sont petites choses qui
sont, de temps, en temps, necessaires dans l'Amitié : et cinq ou six

coups de baston, entre Gens qui s'ai-
ment, ne font que ragaillardir l'Af-
fection. Va ie m'en vais au Bois : et
ie te promets, auiourd'huy, plus
d'vn cent de Fagots.

SCENE III.

MARTINE, seule.

VA, quelque mine que ie fasse,
ie n'oublie pas mon ressentiment : et ie brûle en moy-
mesme, de trouuer les moyens de te
punir des coups que tu me donnes. Ie
sçay bien qu'vne Femme a toûjours
dans les mains, dequoy se vanger
d'vn Mary : mais c'est vne punition
trop délicate pour mon Pendart. Ie
veux vne vangeance qui se fasse vn

peu mieux sentir : et ce n'est pas contentement, pour l'iniure que i'ay receuë.

SCENE IV.

VALERE, LVCAS, MARTINE, LVCAS.

PARGVENNE, i'auons pris là, tous deux, vne gueble de Commission : et ie ne sçay pas moy, ce que ie pensons attraper.

VALERE.

Que veux-tu mon pauure Nourricier? il faut bien obeïr à nostre Maistre : et puis, nous auons interest, l'vn et l'autre, à la santé de sa Fille nostre maitresse, et, sans doute, son Mariage differé par sa

Maladie, nous vaudroit quelque recompense. Horace qui est liberal, a
bonne part aux pretentions qu'on
peut auoir sur sa Personne : et quoy
qu'elle ait fait voir de l'amitié pour
vn certain Leandre, tu sçais bien
que son Pere n'a jamais, voulu consentir à le receuoir pour son Gendre.

MARTINE.

Resuant à part-elle.

Ne puis-ie point trouuer quelque
inuention pour me vanger?

LVCAS.

Mais quelle fantaisie s'est-il bouté
là dans la teste, puisque les Medecins
y auont tous pardu leur latin?

VALERE.

On trouue quelquefois, à force de
chercher, ce qu'on ne trouue pas
d'abord : et souuent, en de simples
lieux...

MARTINE.

Oüy, il faut que ie m'en vange à
quelque prix que ce soit : ces coups

de baston me reuiennent au cœur,
ie ne les sçaurois digerer, et...

Elle dit tout cecy en rêuant : de sorte que ne prenant pas garde à ces deux Hommes, elle les heurte en se retournant, et leur dit :

Ah! Messieurs, ie vous demande pardon, ie ne vous voiois pas : et cherchois dans ma teste quelque chose qui m'embarasse.

VALERE.

Chacun a ses soins dans le Monde : et nous cherchons, aussi, ce que nous voudrions bien trouuer.

MARTINE.

Ceroit-ce quelque chose, où ie vous puisse ayder?

VALERE.

Cela se pourroit faire, et nous taschons de rencontrer quelque habile Homme, quelque Medecin particulier, qui pûst donner quelque soulagement à la Fille de nostre Maitre, attaquée d'vne Maladie qui luy a osté, tout d'vn coup, l'vsage de la langue. Plusieurs Médecins ont déja espüisé toute leur Science apres elle : mais on trouue, par fois, des Gens auec des Secrets admirables, de certains Remedes particuliers, qui font le plus souuent, ce que les autres n'ont sçeu faire, et c'est-là, ce que nous cherchons.

MARTINE.

Elle dit ces trois premieres lignes bas.

Ah! que le Ciel m'inspire vne admirable Inuention, pour me vanger de mon Pendart. Haut, vous ne pouuiez jamais, vous mieux adresser, pour rencontrer ce que vous cherchez : et nous auons icy, vn Homme le plus merueilleux Homme du Monde, pour les Maladies desespérées.

VALERE.

Et de grace, où pouuons-nous le rencontrer ?

MARTINE.

Vous le trouuerez, maintenant, vers ce petit Lieu que voila, qui s'amuse à couper du Bois.

LVCAS.

Vn Médecin qui coupe du Bois!

VALERE.

Qui s'amuse à cueillir des Simples, voulez-vous dire?

MARTINE.

Non, c'est vn Homme extraordinaire, qui se plaist à cela, fantasque, bizarre, quinteux, et que vous ne prendriez iamais, pour ce qu'il est. Il va vestu d'vne façon extrauagante, affecte, quelquefois, de paroistre ignorant, tient sa Science renfermée, et ne füit rien tant tous les iours, que d'exercer les merueilleux Talens qu'il a eus du Ciel, pour la Medecine.

VALERE.

C'est vne chose admirable, que

tous les grands Hommes ont tousiours du Caprice, quelque petit Grain
de Folie, meslé à leur Science.

MARTINE.

La Folie de celuy-cy, est plus
grande qu'on ne peut croire : car
elle va, parfois, iusqu'à vouloir estre
battu, pour demeurer d'accord de
sa capacité : Et ie vous donne auis
que vous n'en viendrez point about,
qu'il n'auouëra iamais, qu'il est Medecin, s'il se le met en fantaisie, que
vous ne preniez chacun, vn Baston,
et ne le redüisiez à force de coups, à
vous confesser à la fin, ce qu'il vous
cachera d'abord. C'est ainsi que
nous en vsons, quand nous auons
besoin de luy.

VALERE.

Voila vne estrange folie !

MARTINE.

Il est vray : mais apres cela, vous
verrez qu'il fait des merueilles.

3

VALERE.
Comment s'appelle-t'il?

MARTINE.
Il s'appelle Sganarelle : mais il est aisé à connoistre. C'est vn Homme qui a vne large Barbe noire, et qui porte vne Fraise, auec vn Habit iaune et vert.

LVCAS.
Vn Habit iaune et vart! C'est, donc, le Medecin des Paroquets.

VALERE.
Mais est-il bien vray, qu'il soit si habile, que vous le dites?

MARTINE.
Comment! c'est vn Homme qui fait des Miracles. Il y a six mois, qu'vne Femme fut abandonnée de tous les autres Medecins. On la te-noit morte, il y auoit desia six heures : et l'on se disposoit à l'ense-uelir, lorsqu'on y fist venir de force, l'Homme dont nous parlons. Il luy

mist, l'ayant veuë, vne petite goutte de ie ne sçay quoy dans la Bouche : et dans le mesme instant, Elle se leua de son Lict, et se mit, aussi-tost, à se promener dans sa Chambre, comme si de rien n'eust esté.

LVCAS.

Ah!

VALERE.

Il falloit que ce fust quelque goute d'Or potable.

MARTINE.

Cela pourroit bien estre. Il n'y a pas trois semaines, encore, qu'vn ieune Enfant de douze ans, tomba du haut du Clocher, en bas, et se brisa, sur le paué, la Teste, les Bras et les Iambes. On n'y eut pas plus-tost, amené nostre Homme, qu'il le frotta par tout le Corps, d'vn certain Onguent qu'il sçait faire ; et l'Enfant, aussi-tost, se leua sur ses pieds, et courut joüer à la fossette.

LVCAS.

Ah!

VALERE.

Il faut que cét Homme-là, ait la Medecine Vniuerselle.

MARTINE.

Qui en doute?

LVCAS.

Testigué, vela iustement, l'Homme qu'il nous faut : allons viste le charcher.

VALERE.

Nous vous remercions du plaisir que vous nous faites.

MARTINE.

Mais souuenez - vous bien au moins, de l'auertissement que ie vous ay donné.

LVCAS.

Eh! morguenne, laissez nous faire, s'il ne tient qu'à battre, la Vache est à nous.

VALERE.

Nous somme bien-heureux d'a-

uoir fait cette rencontre : et i'en con-
çois, pour moy, la meilleure espé-
rance du Monde.

SCENE V.

SGANARELLE, VALERE, LVCAS, SGANARELLE.

Entre sur le Theatre, en chantant, et tenant vne Bouteille.

LA, la, la.

VALERE.

I'entens quelqu'vn qui chan-
te, et qui coupe du Bois.

SGANARELLE.

La, la la.. Ma foy, c'est assez
trauaillé pour vn coup : prenons
vn peu d'haleine.

Il boit, et dit apres auoir bû.

Voila du Bois qui est salé, comme
tous les Diables.

> *Qu'ils sont doux*
> *Bouteille jolie,*
> *Qu'ils sont doux*
> *Vos petits glou-gloux !*
> *Mais mon Sort feroit bien des*
> *Ialoux ,*
> *Si vous estiez toûjours remplie.*
> *Ah ! Bouteille ma mie,*
> *Pourquoy vous vuidez-vous ?*

Allons, morbleu, il ne faut point engendrer de melancolie.

VALERE.
Le voila luy-mesme.

LVCAS.
Ie pense, que vous dites vray : et que i'auons bouté le nez dessus.

VALERE.
Voyons de pres.

SGANARELLE.
Les apperceuant, les regarde en se tournant vers l'vn, et puis vers l'autre, et abaissant sa voix, dit.

Ah ! ma petite Friponne, que ie

t'ayme mon petit bouchon. Mon
sort... feroit... bien des... ialoux,
si.... que Diable, à qui en veulent
ces Gens-la?

VALERE.

C'est luy asseurement.

LVCAS.

Le vela tout craché, comme on
nous la deffiguré.

SGANARELLE *à part.*

*Icy, il pose sa Bouteille à terre, et Valere se baissant
pour le salüer, comme il croid que c'est à dessein de la
prendre, il la met de l'autre costé : ensuite dequoy, Lucas faisant la mesme chose, il la reprend, et la tient con-
tre son Estomach; auec diuers gestes, qui font vn grand
ieu de Theatre.*

Ils consultent en me regardant,
quel dessein auroient ils?

VALERE.

Monsieur, n'est-ce pas vous, qui
vous appellez Sganarelle?

SGANARELLE.

Eh quoy?

VALERE.

Ie vous demande, si ce n'est pas

vous, qui se nomme Sganarelle.

SGANARELLE.

Se tournant vers Valere, puis vers Lucas.

Oüy, et non, selon ce que vous luy voulez.

VALERE.

Nous ne voulons que luy faire toutes les ciuilitez que nous pourrons.

SGANARELLE.

En ce cas, c'est moy, qui se nomme Sganarelle.

VALERE.

Monsieur, nous sommes rauis de vous voir. On nous a adressez à vous, pour ce que nous cherchons : et nous venons implorer vostre ayde, dont nous auons besoin.

SGANARELLE.

Si c'est quelque chose, Messieurs, qui depende de mon petit Negoce, ie suis tout prest à vous rendre seruice.

VALERE.

Monsieur, c'est trop de grace que vous nous faites : mais, Monsieur, couurez-vous, s'il vous plaist, le Soleil pourroit vous incommoder.

LVCAS.

Monsieu, boutez dessus.

SGANARELLE *bas.*

Voicy des Gens bien pleins de céremonie.

VALERE.

Monsieur, il ne faut pas trouuer estrange que nous venions à vous : les habiles Gens sont tousiours recherchez, et nous sommes instrüits de vostre capacité.

SGANARELLE.

Il est vray, Messieurs, que ie suis le premier Homme du Monde pour faire des Fagots.

VALERE.

Ah! Monsieur....

SGANARELLE.

Ie n'y espargne aucune chose, et les fais d'vne façon qu'il n'y a rien à dire.

VALERE.

Monsieur, ce n'est pas cela, dont il est question.

SGANARELLE.

Mais, aussi, ie les vends cent dix sols, le cent.

VALERE.

Ne parlons point de cela, s'il vous plaist.

SGANARELLE,

Ie vous promets, que ie ne sçaurois les donner à moins.

VALERE.

Monsieur, nous sçauons les choses.

SGANARELLE.

Si vous sçauez les choses, vous sçauez que je les vens cela.

VALERE.

Monsieur, c'est se mocquer, que...

SGANARELLE.

Ie ne me mocque point, ie n'en puis rien rabattre.

VALERE.

Parlons d'autre façon, de grace.

SGANARELLE.

Vous en pourrez trouuer autre part, à moins : il y a Fagots, et Fagots. Mais pour ceux que ie fais…

VALERE.

Eh! Monsieur, laissons-là, ce discours.

SGANARELLE.

Ie vous iure que vous ne les auriez pas, s'il s'en falloit vn double.

VALERE.

Eh fy.

SGANARELLE.

Non, en conscience, vous en payerez cela. Ie vous parle sincerement, et ne suis pas Homme à surfaire.

VALERE.

Faut-il, Monsieur, qu'vne Personne, comme vous, s'amuse à ces
grossieres feintes? s'abaisse à parler
de la sorte? qu'vn Homme si sça-
uant, vn fameux Medecin comme
vous estes, veuille se desguiser aux
yeux du Monde, et tenir enterrez les
beaux Talens qu'il a?

SGANARELLE   *à part.*

Il est fou.

VALERE.

De grace, Monsieur, ne dissimu-
lez point auec nous.

SGANARELLE.

Comment?

LVCAS.

Tout ce Tripotage ne sart de rian,
ie sçauons, çen que ie sçauons.

SGANARELLE.

Quoy, donc, que me voulez-vous
dire? pour qui me prenez-vous?

VALERE.

Pour ce que vous estes, pour vn grand Médecin.

SGANARELLE.

Médecin, vous-mesme : ie ne le suis point, et ne l'ay iamais esté.

VALERE.

Bas.

Voila sa folie qui le tient.

Haut.

Monsieur, ne veuillez point nier les choses dauantage : et n'en venons point, s'il vous plaist, à de fascheuses extremitez.

SGANARELLE.

Aquoy, donc?

VALERE.

A de certaines choses, dont nous serions marris.

SGANARELLE.

Parbleu, venez en à tout ce qu'il vous plaira, ie ne suis point Médecin : et ne sçay ce que vous me voulez dire.

VALERE.   *Bas.*

Ie voy bien qu'il se faut seruir du

Haut.

remede. Monsieur, encor, vn coup,
ie vous prie d'auoüer ce que vous
estes.

LVCAS.

Et testigué, ne l'antiponez point
dauantage : et confessez à la fran-
quette, que v'estes Médecin.

SGANARELLE.

I'enrage.

VALERE.

A quoy bon nier ce qu'on sçait ?

LVCAS.

Pourquoy toutes ces fraimes-là ?
à quoy est-ce que ça vous sart ?

SGANARELLE.

Messieurs, en vn mot, autant
qu'en deux mille, ie vous dy, que ie
ne suis point Médecin.

VALERE.

Vous n'estes point Médecin ?

SGANARELLE.
Non.

LVCAS.
V'nestes pas Médecin?

SGANARELLE.
Non, vous dy-ie.

VALERE.
Puisque vous le voulez, il faut s'y resoudre.

Ils prennent vn baston, et le frappent.

SGANARELLE.
Ah! ah! ah! Messieurs, ie suis tout ce qu'il vous plaira.

VALERE.
Pourquoy, Monsieur, nous obli-gez-vous à cette violence?

LVCAS.
A quoy bon, nous bailler la peine de vous battre?

VALERE.
Ie vous asseure que i'en ay tous les regrets du monde.

LVCAS.

Par mafigué, i'en sis fasché, franchement.

SGANARELLE.

Que Diable est-ce-cy, Messieurs,
de grace, est-ce pour rire, ou si tous
deux vous estrauaguez, de vouloir
que ie sois Médecin ?

VALERE.

Quoy, vous ne vous rendez pas
encore : et vous vous défendez
d'estre Médecin ?

SGANARELLE.

Diable emporte, si ie le suis.

LVCAS.

Il n'est pas vray, qu'ous sayez
Médecin ?

SGANARELLE.

Non, la peste m'estouffe.

Là, il recommance de le battre.

Ah, ah. Et bien, Messieurs, oüy,
puisque vous le uoulez. Ie suis Médecin, ie suis Médecin, Apothiquaire

encor, si vous le trouuez bon. l'ayme
mieux consentir à tout, que de me
faire assommer.

VALERE.

Ah! voila qui va bien, Monsieur,
ie suis rauy de vous voir raison-
nable.

LVCAS.

Vous me boutez la ioye au cœur,
quand ie vous voy parler comme ça.

VALERE.

Ie vous demande pardon, de toute
mon ame.

LVCAS.

Ie vous demandons excuse, de la
libarté que i'auons prise.

SGANARELLE. *à part.*

Ouais, seroit-ce bien moy qui me
tromperois, et serois-ie deuenu Médecin, sans m'en estre apperçeu?

VALERE.

Monsieur, vous ne vous repenti-
rez pas de nous monstrer ce que
vous estes : et vous verrez asseu-

rement, que vous en serez satisfait.

SGANARELLE.

Mais, Messieurs, dites moy, ne vous trompez vous point vous-mesme? Est-il bien asseuré que ie sois Médecin?

LVCAS.

Oüy, par ma figué.

SGANARELLE.

Tout de bon?

VALERE.

Sans doute.

SGANARELLE.

Diable emporte, si ie le sçauois.

VALERE.

Comment? Vous estes le plus habile Médecin du Monde.

SGANARELLE.

Ah! ah!

LVCAS.

Vn Médecin, qui a guary, ie ne sçay combien de Maladies.

SGANARELLE.

Tu-Dieu !

VALERE.

Vne Femme estoit tenuë pour morte, il y auoit six heures ; elle estoit preste à enseuelir, lors qu'auec vne goutte de quelque chose, vous la fistes reuenir, et marcher d'abord, par la chambre.

SGANARELLE.

Peste !

LVCAS.

Vn petit Enfant de douze ans, se laissit choir du haut d'vn Clocher, dequoy il eut la Teste, les Iambes, et les bras cassez : et vous, auec ie ne sçay quel Onguent, vous fistes qu'aussi-tost, il se releuit sur ses piez, et s'en fut ioüer à la Fossette.

SGANARELLE.

Diantre !

VALERE.

Enfin, Monsieur, vous aurez con-

tentement auec nous; et vous gagne-
rez ce que vous voudrez, en vous
laissant conduire où nous preten-
dons vous mener.

SGANARELLE.
Ie gagneray ce que ie voudray ?

VALERE.
Oüy.

SGANARELLE.
Ah ! ie suis Médecin, sans contre-
dit. Ie l'auois oublié, mais ie m'en
ressouuiens. Dequoy est-il question ?
où faut-il se transporter ?

VALERE.
Nous vous conduirons. Il est question d'aller voir vne Fille, qui a perdu la parole.

SGANARELLE.
Ma foy, ie ne l'ay pas trouuée.

VALERE.
Il ayme à rire. Allons, Monsieur.

SGANARELLE.
Sans vne Robe de Medecin ?

VALERE.

Nous en prendrons vne.

SGANARELLE.

Presentant sa Bouteille à Valere.

Tenez cela, vous : Voila où ie mets mes Iuleps.

Puis se tournant vers Lucas en crachant.

Vous, marchez là-dessus, par Ordonnance du Médecin.

LVCAS.

Palsanguenne, vela vn Médecin qui me plaist; ie pense qu'il reussira; car il est Bouffon.

Fin du premier Acte.

ACTE II.
SCENE I.

GERONTE, VALERE, LVCAS, IACQVELINE.

VALERE.

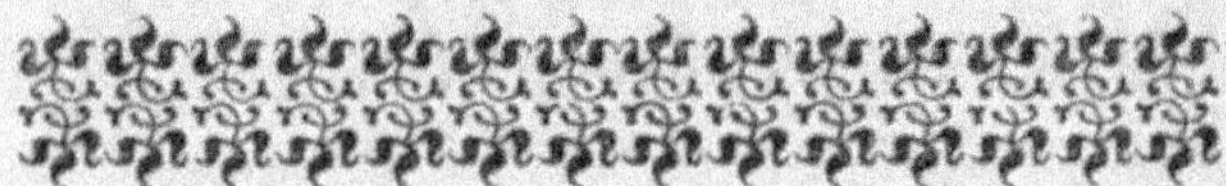

Vy, Monsieur, ie croy que vous en serez satisfait : et nous vous auons amené le plus grand Médecin du Monde.

LVCAS.

Oh morguenne, il faut tirer l'eschelle apres cety-là : et tous les autres, ne sont pas daignes de ly deschausser ses souillez.

VALERE.

C'est vn Homme, qui a fait des Cures merueilleuses.

LVCAS.

Qui a gary des Gens qui estiants morts.

VALERE.

Il est vn peu capricieux, comme ie vous ay dit : et parfois, il a des momens où son esprit s'eschappe, et ne paroist pas ce qu'il est.

LVCAS.

Ouy, il ayme à bouffonner, et l'en diroit parfois, ne v'sen deplaise, qu'il a quelque petit coup de hache à la Teste.

VALERE.

Mais dans le fond, il est toute Science : et bien souuent, il dit des choses tout à fait releuées.

LVCAS.

Quand il s'y boute, il parle tout fin drait, comme s'il lisoit dans vn Liure.

VALERE.

Sa réputation s'est desia répanduë icy : et tout le Monde vient à luy.

GERONTE.

Ie meurs d'enuie de le voir, faites-le moy viste venir.

VALERE.

Ie le vay querir.

IACQVELINE.

Par ma fy, Monsieu, cety-cy fera iustement ce qu'ant fait les autres. Ie pense que ce sera queussi queumy : et la meilleure Medecaine, que l'an pourroit bailler à vostre Fille, ce seroit, selon moy, vn biau et bon Mary, pour qui elle eust de l'amiqué.

GERONTE.

Ouais, Nourrice, ma Mie, vous vous meslez de bien des choses.

LVCAS.

Taisez vous, nostre Ménagere Iaquelaine : ce n'est pas à vous, à bouter là votte nez.

IACQVELINE.

Ie vous dis et vous douze, que tous ces Médecins n'y feront rian que de liau claire, que vôtre Fille a besoin d'autre chose, que de Ribarbe, et de Sené, et qu'vn Mary est vne emplastre qui garit tous les maux des Filles.

GERONTE.

Est-elle en estat, maintenant, qu'on s'en voulût charger, auec l'infirmité qu'elle a ? Et lors que i'ay esté dans le dessein de la marier, ne s'est-elle pas opposée à mes volontez ?

IACQVELINE.

Ie le croy bian, vous ly vouilliez bailler cun Homme qu'alle n'ayme point. Que ne preniais vous ce Monsieu Liandre, qui ly touchoit au cœur. Alle auroit esté fort obeïssante : et ie m'en vas gager qu'il la

prendroit ly, comme alle est, s'y vou
la ly vouillais donner.

GERONTE.

Ce Leandre n'est pas ce qu'il luy
faut : il n'a pas du Bien, comme
l'autre.

IACQVELINE.

Il a vn Oncle qui est si riche, dont
il est heriquié.

GERONTE.

Tous ces Biens à venir, me semblent autant de Chansons. Il n'est
rien tel que ce qu'on tient : et l'on
court grand risque de s'abuser, lors
que l'on compte sur le Bien qu'vn
autre vous garde. La mort n'a pas
tousiours les oreilles ouuertes aux
vœux et prieres de Messieurs les
Heritiers : et l'on a le temps d'auoir
les Dents longues, lors qu'on attend,
pour viure, le Trépas de quelqu'vn.

IACQVELINE.

Enfin, i'ay, toûjours, oüy dire,

qu'en Mariage, comme ailleurs, Contentement passe Richesse. Les Beres et les Meres ant cette maudite couteume, de demander toûjours, qu'a-t'il et qu'a-t'elle? et le Compere Biarre, a marié sa Fille Simonnette, au gros Thomas, pour vn quarquié de Vaigne qu'il auoit dauantage que le ieune Robin, où elle auoit bouté son amiquié : et vela que la pauure Creiature en est deuenuë iaune comme vn Coin, et n'a point profité tout depuis ce temps-là. C'est vn bel Exemple pour vous, Monsieu ; on n'a que son plaisir en ce Monde : et i'aymerois mieux, bailler à ma Fille, vn bon Mary qui l'y fust agriable, que toutes les Rentes de la Biausse.

GERONTE.

Peste ! Madame la Nourrice, comme vous degoisez ! taisez-vous, ie vous prie, vous prenez trop de soin, et vous échauffez vostre Laict.

LVCAS.

En disant cecy, il frape sur la Poitrine à Geronte.

Morgué, tais-toy, t'és cune impartinante. Monsieu n'a que faire de tes discours, et il sçait ce qu'il a à faire. Mesle-toi de donner à teter à ton Enfant, sans tant faire la raisonneuse. Monsieur est le Pere de sa Fille ; et il est bon et sage, pour voir ce qu'il ly faut.

GERONTE.

Tout doux, Oh, tout doux.

LVCAS.

Monsieu, ie veux vn peu la mortifier : et l'y apprendre le respect qu'alle vous doit.

GERONTE.

Oüy, mais ces gestes ne sont pas necessaires.

SCENE II.

VALERE, SGANARELLE,
GERONTE, LVCAS,
IACQVELINE.

VALERE.

ONSIEVR preparez vous, voicy
nostre Médecin qui entre.

GERONTE.

Monsieur, ie suis rauy de vous
voir chez moi : et nous auons grand
besoin de vous.

SGANARELLE.

En Robe de Medecin, auec vn Chapeau des plus pointus.

Hipocrate dit.... que nous nous
couurions tous deux.

GERONTE.

Hipocrate dit cela?

SGANARELLE.
Oüy.

GERONTE.
Dans quel Chapitre, s'il vous plaist?

SGANARELLE.
Dans son Chapitre des Chapeaux.

GERONTE.
Puis qu'Hipocrate le dit, il le faut faire.

SGANARELLE.
Monsieur le Médecin, ayant appris les merueilleuses choses…

GERONTE.
A qui parlez-vous, de grace?

SGANARELLE.
A vous.

GERONTE.
Ie ne suis pas Médecin.

SGANARELLE.
Vous n'estes pas Médecin?

GERONTE.
Non vrayment.

SGANARELLE.

Il prend, icy, vn Baston, et le bat, comme on l'a batu.

Tout de bon ?

GERONTE.

Tout de bon. Ah ! ah ! ah !

SGANARELLE.

Vous estes Médecin, maintenant, ie n'ay iamais eu d'autres Licences.

GERONTE.

Quel Diable d'Homme m'auez-vous l'a amené ?

VALERE.

Ie vous ay bien dit que c'estoit vn Médecin goguenard.

GERONTE.

Oüy, mais ie l'enuoyrois promener auec ses guoguenarderies.

LVCAS.

Ne prenez pas garde à ça, Monsieu, ce n'est que pour rire.

GERONTE.

Cette raillerie ne me plaist pas.

SGANARELLE.

Monsieur, ie vous demande pardon de la liberté que i'ay prise.

GERONTE.

Monsieur, ie suis vostre seruiteur.

SGANARELLE.

Ie suis fasché...

GERONTE.

Cela n'est rien.

SGANARELLE.

Des coups de baston...

GERONTE.

Il n'y a pas de mal.

SGANARELLE.

Que i'ay eu l'honneur de vous donner.

GERONTE.

Ne parlons plus de cela. Monsieur, i'ay vne Fille qui est tombée dans vne estrange Maladie.

SGANARELLE.

Ie suis rauy, Monsieur, que vostre Fille ait besoin de moy : et ie souhai-

terois de tout mon cœur, que vous
en eussiez besoin, aussi, vous et
toute vostre Famille, pour vous tesmoigner l'enuie que i'ay de vous
seruir.

GERONTE.

Ie vous suis obligé de ces sentimens.

SGANARELLE.

Ie vous asseure que c'est du meilleur de mon ame, que ie vous parle.

GERONTE.

C'est trop d'honneur que vous
me faites.

SGANARELLE.

Comment s'appelle vostre Fille?

GERONTE.

Lucinde.

SGANARELLE.

Lucinde! ah beau Nom à medicamenter! Lucinde!

GERONTE.

Ie m'en vais voir vn peu ce qu'elle fait.

SGANARELLE.

Qui est cette grande Femme-là?

GERONTE.

C'est la Nourrice d'vn petit Enfant que i'ay.

SGANARELLE.

Peste! le ioly Meuble que voila! Ah Nourrice! charmante Nourrice, ma Medecine est la tres-humble Esclaue de vôtre Nourricerie; et ie voudrois bien estre le petit Poupon fortuné, qui tetast le Laict de vos bonnes graces. Tous mes Remedes;

Il luy porte la main sur le sein.

toute ma Science, toute ma Capacité est à vostre seruice, et...

LVCAS.

Auec vostre parmission, Monsieu le Medecin, laissez là ma Femme, ie vous prie.

SGANARELLE.

Quoy, est-elle vostre Femme?

LVCAS.

Oüy.

SGANARELLE.

Il fait semblant d'embrasser Lucas : et se tournant du costé de la Nourrice, il l'embrasse.

Ah vrayment, ie ne sçauois pas cela : et ie m'en réioüis pour l'amour de l'vn et de l'autre.

LVCAS.

En le tirant.

Tout doucement, s'il vous plaist.

SGANARELLE.

Ie vous asseure, que, ie suis rauy que vous soyez vnis ensemble.

Il fait encore semblant d'embrasser Lucas : et passant dessous ses bras, se iette au col de sa Femme.

Ie la felicite d'auoir vn Mary comme vous : et ie vous felicite vous, d'auoir vne Femme si belle, si sage, et si bien faite, comme elle est.

LVCAS.

En le tirant encore.

Eh testigué, point tant de compliment, ie vous suplie.

SGANARELLE.

Ne voulez-vous pas que ie me réiouisse auec vous, d'vn si bel Assemblage?

LVCAS.

Auec moy, tant qu'il vous plaira : mais auec ma Femme, treue de sarimonie.

SGANARELLE.

Ie prens part, également, au Bon-heur de tous deux. Et si ie vous

Il continuë le mesme ieu.

embrasse pour vous en tesmoigner ma ioye, ie l'embrasse de mesme, pour luy en tesmoigner aussi...

LVCAS.

En le tirant de rechef.

Ah vartigué, Monsieu le Medecin, que de l'antiponages.

SCENE III.

SGANARELLE, GERONTE, LVCAS, IACQVELINE.

GERONTE.

ONSIEVR, voicy tout à l'heure, ma Fille qu'on va vous amener.

SGANARELLE.

Ie l'attens, Monsieur, auec toute la Medecine.

GERONTE.

Où est-elle?

SGANARELLE.

Se touchant le front.

Là dedans.

GERONTE.

Fort bien.

SGANARELLE.

En voulant toucher les Tetons de la Nourice.

Mais, comme ie m'interesse à toute vostre Famille, il faut que i'essaye vn peu le Laict de vostre Nourrisse : et que ie visite son Sein.

LVCAS.

Le tirant, et luy faisant faire la piroüette.

Nanin, nanin, ie n'auons que faire de ça.

SGANARELLE.

C'est l'Office du Médecin, de voir les Tetons des Nourrices.

LVCAS.

Il gnia Office qui quienne, ie sis votte saruiteur.

SGANARELLE.

As-tu bien la hardiesse de t'opposer au Medecin ? hors de là.

LVCAS.

Ie me mocque de-ça.

SGANARELLE.

En le regardant de trauers.

Ie te donnerai la Fieure.

IACQVELINE.

Prenant Lucas par le bras, et luy faisant aussi faire la pirouëtte.

Oste-toy delà, aussi, est-ce que ie ne sis pas assez grande pour me défendre moy mesme, s'il me fait quelque chose, qui ne soit pas à faire?

LVCAS.

Ie ne veux pas qu'il te taste moy.

SGANARELLE.

Fy, le vilain, qui est ialous de sa Femme.

GERONTE.

Voicy ma Fille.

SCENE IV.

LVCINDE, VALERE,
GERONTE, LVCAS,
SGANARELLE,
IACQVELINE.

SGANARELLE.

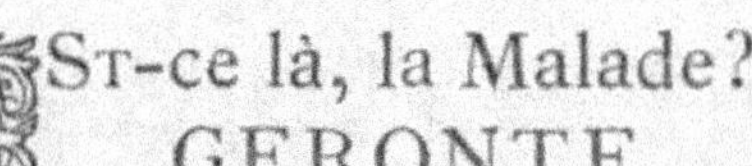

Est-ce là, la Malade?

GERONTE.

Oüy, ie n'ay qu'elle de Fille : et i'aurois tous les regrets du Monde, si elle venoit à mourir.

SGANARELLE.

Qu'elle s'en garde bien, il ne faut pas qu'elle meure, sans l'Ordonnance du Medecin.

GERONTE.

Allons, vn Siége.

SGANARELLE.

Voila vne Malade qui n'est pas

tant dégoustante : et ie tiens qu'vn
Homme bien sain s'en accommode-
roit assez.

GERONTE.

Vous l'auez fait rire, Monsieur.

SGANARELLE.

Tant mieux, lorsque le Médecin
fait rire le Malade , c'est le meilleur
signe du Monde. Et bien, dequoy
est-il question? qu'auez-vous? quel
est le Mal que vous sentez?

LVCINDE.

Respond par signes, en portant sa main à sa bou-
che, à sa teste, et sous son menton.

Han, hi, hom, han.

SGANARELLE.

Eh! que dites-vous?

LVCINDE.

Continuë les menus gestes.

Han, hi, hom, han, han, hi, hom.

SGANARELLE.

Quoy?

LVCINDE.

Ham, hi, hom.

SGANARELLE.

La contrefaisant.

Han, hi, hon, han ha. Ie ne vous entens point : quel Diable de langage est-ce là?

GERONTE.

Monsieur, c'est là, sa Maladie. Elle est deuenuë müette, sans que iusques icy, on en ait pu sçauoir la cause : et c'est vn Accident qui a fait reculer son Mariage.

SGANARELLE.

Et pourquoi?

GERONTE.

Celuy qu'elle doit espouser, veut attendre sa Guerison, pour conclure les choses.

SGANARELLE.

Et qui est ce Sot-là, qui ne veut pas que sa Femme soit müette? Plust à Dieu que la mienne eut cette maladie, ie me garderois bien de la vouloir guerir.

GERONTE.

Enfin, Monsieur, nous vous prions d'employer tous vos soins, pour la soulager de son mal.

SGANARELLE.

Ah ! Ne vous mettez pas en peine. Dites-moy vn peu, ce mal l'oppresse-t-il beaucoup ?

GERONTE.

Oüy, Monsieur.

SGANARELLE.

Tant mieux. Sent-elle de grandes douleurs ?

GERONTE.

Fort grandes.

SGANARELLE.

C'est fort bien fait. Va-t'elle où vous sçauez ?

GERONTE.

Oüy.

SGANARELLE.

Copieusement ?

GERONTE.
Ie n'entens rien à cela.

SGANARELLE.
La Matiere est-elle loüable?

GERONTE.
Ie ne me connois pas à ces choses.

SGANARELLE.

Se tournant vers la Malade.

Donnez-moy vostre Bras. Voilà vn Pous qui marque que vostre Fille est müette.

GERONTE.
Eh! oüy, Monsieu, c'est là son mal : vous l'auez trouué tout du premier coup.

SGANARELLE.
Ah, ah.

IACQVELINE.
Voyez, comme il a deuiné sa Maladie.

SGANARELLE.
Nous autres grans Médecins, nous connoissons dabord, les choses. Vn Ignorant auroit esté embarassé, et

vous eust esté dire, c'est cecy, c'est
cela : mais moy, ie touche au but du
premier coup, et ie vous apprens
que vostre Fille est müette.

GERONTE.

Oüy, mais ie voudrois bien que
vous me pussiez dire d'où cela vient ?

SGANARELLE.

Il n'est rien plus aisé. Cela vient
de ce qu'elle a perdu la Parole.

GERONTE.

Fort bien : mais la Cause, s'il
vous plaist, qui fait qu'elle a perdu
la Parole ?

SGANARELLE.

Tous hos meilleurs Autheurs vous
diront que c'est l'empeschement de
l'action de sa Langue.

GERONTE.

Mais, encore, vos sentimens sur
cét empeschement de l'action de sa
Langue.

SGANARELLE.

Aristote là-dessus, dit... de fort belles choses.

GERONTE.

Ie le croy.

SGANARELLE.

Ah! c'estoit vn grand Homme!

GERONTE.

Sans doute.

SGANARELLE.

Levant son bras depuis le coude.

Grand Homme tout à fait : vn Homme qui estoit plus grand que moy, de tout cela. Pour reuenir, donc, à nostre raisonnement. Ie tiens que cét empeschement de l'action de sa Langue, est causé par de certaines Humeurs qu'entre nous autres, Sçauans, nous appellons humeurs peccantes, peccantes, c'est-à-dire... humeurs peccantes : dautant que les vapeurs formées par les exhalaisons des influences qui s'esleuent dans

la Region des Maladies, venant....
pour ainsi dire... à... entendez-vous
le Latin?

GERONTE.

En aucune façon.

SGANARELLE.

Se leuant auec étonnement.

Vous n'entendez point le Latin!

GERONTE.

Non.

SGANARELLE.

En faisant diuerses plaisantes postures.

Cabricias arci thuram, catalamus,
singulariter, nominativo hæc Musa
la Muse, Bonus, Bona, Bonum,
Deus sanctus, est ne oratio latinas?
etiam, oüy, quare, pourquoy, quia
substantiuo, et adiectiuum, concor-
dat in generi, numerum, et casus.

GERONTE.

Ah! que n'ay-ie estudié!

IACQVELINE.

L'habile Homme que vela?

LVCAS.

Oüy, ça est si biau, que ie n'y entens goute.

SGANARELLE.

Or ces vapeurs, dont ie vous parle,
venant à passer du costé gauche, où
est le Foye, au costé droit, où est le
Cœur, il se trouue que le Poumon
que nous appellons en Latin, Ar-
myan, ayant communication àvec
le Cerveau, que nous nommons en
Grec, Nasmus, par le moyen de la
Veine Caue, que nous appellons en
Hebreu, Cubile, rencontre, en son
chemin, lesdites vapeurs qui rem-
plissent les ventricules de l'Omo-
plate; et parce que lesdites vapeurs...
comprenez bien ce Raisonnement ie
vous prie : et parce que lesdites vapeurs ont vne certaine malignité...
Escoutez bien cecy, ie vous con-
iure.

GERONTE.

Oüy.

SGANARELLE.

Ont vne certaine malignité qui est causée.... Soyez attentif, s'il vous plaist.

GERONTE.

Ie le suis.

SGANARELLE.

Qui est causée par lacreté des humeurs, engendrées dans concauité du Diaphragme, il arriue que ces vapeurs.... Ossabandus, nequeys, nequer, portarinum, quipsa milus. Voila iustement, ce qui fait que vostre Fille est muette.

IACQVELINE.

Ah que ça est bian dit notte Homme!

LVCAS.

Que n'ay-ie la langue aussi bian penduë!

GERONTE.

On ne peut pas mieux raisonner sans doute. Il n'y a qu'vne seule chose qui m'a choqué. C'est l'endroit du Foye et du Cœur. Il me semble que vous les placez autrement qu'ils ne sont. Que le Cœur est du costé gauche, et le Foye du costé droit.

SGANARELLE.

Oüy, cela estoit, autrefois, ainsi; mais nous auons changé tout cela, et nous faisons maintenant la Medecine d'vne Methode toute nouuelle.

GERONTE.

C'est ce que ie ne sçauois pas; et ie vous demande pardon de mon ignorance.

SGANARELLE.

Il n'y a point de mal : et vous n'estes pas obligé d'estre aussi habile que nous.

GERONTE.

Asseurement : mais Monsieur, que

croyez vous qu'il faille faire à cette maladie?

SGANARELLE.
Ce que ie croy, qu'il faille faire?

GERONTE.
Oüy.

SGANARELLE.
Mon auis est qu'on la remette sur son Lit : et qu'on luy fasse prendre pour Remede, quantité de Pain trempé dans du Vin.

GERONTE.
Pourquoy cela, Monsieur?

SGANARELLE.
Parce qu'il y a dans le Vin et le Pain, meslez ensemble, vne Vertu simpathique, qui fait parler. Ne voyez vous pas bien qu'on ne donne autre chose aux Perroquets : et qu'ils apprennent à parler en mangeant de cela?

GERONTE.
Cela est vray, ah! le grand

Homme! Viste quantité de Pain et de Vin.

SGANARELLE.

Ie reuiendray voir sur le soir, en

à la Nourrice.

quel estat elle sera. Doucement vous. Monsieur, voila vne Nourrice à laquelle il faut que ie fasse quelques petits Remedes.

IACQVELINE.

Qui, moy? ie me porte le mieux du Monde.

SGANARELLE.

Tant pis Nourrice, tant pis. Cette grande santé est à craindre : et il ne sera mauuais de vous faire quelque petite Saignée amiable, de vous donner quelque petit Clistere dulcifiant.

GERONTE.

Mais, Monsieur, voila vne mode que ie ne comprens point. Pourquoy s'aller faire saigner, quand on n'a point de Maladie?

SGANARELLE.
Il n'importe, la Mode en est salutaire : et comme on boit pour la Soif
à venir, il faut se faire, aussi, saigner pour la Maladie à venir.

IACQVELINE.
En se retirant.

Ma fy, ie me mocque de ça : et ie
ne veux point faire de mon corps vne
Boutique d'Apothiquaire.

SGANARELLE.
Vous estes retiue aux Remedes :
mais nous sçaurons vous soûmettre

Parlant à Geronte,

à la Raison. Ie vous donne le bon-
iour.

GERONTE.
Attendez vn peu, s'il vous plaist.

SGANARELLE.
Que voulez-vous faire ?

GERONTE.
Vous donner de l'Argent, Monsieur.

SGANARELLE.

Tendant sa main derriere, par dessous sa Robe, tandis que Geronte ouure sa Bource.

Ie n'en prendray pas, Monsieur.

GERONTE.

Monsieur.

SGANARELLE.

Point du tout.

GERONTE.

Vn petit moment.

SGANARELLE.

En aucune façon.

GERONTE.

De grace.

SGANARELLE.

Vous vous mocquez.

GERONTE.

Voilà qui est fait.

SGANARELLE.

Ie n'en feray rien.

GERONTE.

Eh!

SGANARELLE.

Ce n'est pas l'Argent qui me fait agir.

GERONTE.
Ie le croy.
SGANARELLE.
Aprés auoir pris l'argent.

Cela est-il de poids?
GERONTE.
Oüy, Monsieur.
SGANARELLE.
Ie ne suis pas vn Médecin merce-
naire.
GERONTE.
Ie le sçay bien.
SGANARELLE.
L'interest ne me gouuerne point.
GERONTE.
Ie n'ay pas cette pensée.

SCENE V.

SGANARELLE, LEANDRE.
SGANARELLE.

Regardant son argent.

MA Foy, cela ne va pas mal, et pourueu que…

LEANDRE.

Monsieur, il y a long temps que ie vous attens; et ie viens implorer vostre assistance.

SGANARELLE.

luy prenant le poignet.

Voila vn pous qui est fort mauuais.

LEANDRE.

Ie ne suis point Malade, Monsieur; et ce n'est pas pour cela, que ie viens à vous.

SGANARELLE.

Si vous n'estes pas Malade, Que Diable ne le dites vous donc?

LEANDRE.

Non, pour vous dire la chose en deux mots, ie m'appelle Leandre, qui suis amoureux de Lucinde, que vous venez de visiter : et comme, par la mauuaise humeur, de son Pere, toute sorte d'accez m'est fermé auprés d'elle, ie me hazarde à vous prier de vouloir seruir mon amour : et de me donner lieu d'executer vn Stratagcme que i'ay trouué, pour luy pouuoir dire deux mots, d'où dépendent, absolument, mon bon-heur, et ma vie.

SGANARELLE.

Paressant en colere.

Pour qui me prenez-vous? com-

ment oser vous addresser à moy,
pour vous seruir dans vostre amour,
et vouloir raualer la Dignité de Medecin, à des Emplois de cette nature?

LEANDRE.

Monsieur, ne faites point de brüit.

SGANARELLE.

En le faisant reculer.

I'en veux faire moy, vous estes
vn impertinent.

LEANDRE.

Eh! Monsieur doucement.

SGANARELLE.

Vn mal auisé.

LEANDRE.

De grace.

SGANARELLE.

Ie vous apprendray que ie ne suis
point Homme à cela : et que c'est
vne insolence extreme...

LEANDRE.
Tirant vne Bource qu'il luy donne.

Monsieur.

SGANARELLE.
Tenant la Bource.

De vouloir m'employer.... ie ne parle pas pour vous : car vous estes honneste Homme, et ie serois rauy de vous rendre seruice. Mais il y a de certains Impertinents au Monde, qui viennent prendre les Gens pour ce qu'ils ne sont pas : et ie vous auouë que cela me met en colere.

LEANDRE.
Ie vous demande pardon, Monsieur, de la liberté que....

SGANARELLE.
Vous vous mocquez : dequoy est-il question ?

LEANDRE.
Vous sçaurez, donc, Monsieur, que cette Maladie que vous voulez

guérir, est vne feinte Maladie. Les Médecins ont raisonné la dessus, comme il faut; et ils n'ont pas manqué de dire, que cela procedoit, qui, du Cerveau, qui des Entrailles, qui, de la Ratte, qui du Foye. Mais il est certain que l'Amour en est la véritable Cause : et que Lucinde n'a trouvé cette Maladie, que pour se déliurer d'vn Mariage, dont elle estoit importunée. Mais, de crainte qu'on ne nous voye ensemble, retirons nous d'icy : et ie vous diray en marchant, ce que ie souhaite de vous.

SGANARELLE.

Allons, Monsieur, vous m'auez donné pour vostre Amour, vne Tendresse, qui n'est pas conceuable; et i'y perdray toute ma Médecine, ou la Malade creuera, ou bien elle sera à vous.

Fin du second Acte.

ACTE III.
SCENE I.

SGANARELLE, LEANDRE.
LEANDRE.

IL me semble que ie ne suis pas mal ainsi, pour vn Apothiquaire : et comme le Pere ne ma guere, veu, ce changement d'Habit, et de Perruque, est assez capable, ie croy, de me déguiser à ses yeux.

SGANARELLE.
Sans doute.

LEANDRE.
Tout ce que ie souhaiterois, seroit
de sçauoir cinq ou six grands Mots
de Medecine, pour parer mon Discours, et me donner l'air d'habile
Homme.

SGANARELLE.
Allez, allez, tout cela n'est pas necessaire. Il suffit de l'Habit; et ie
n'en sçais pas plus que vous.

LEANDRE.
Comment !

SGANARELLE.
Diable emporte, si i'entens rien
en Médecine. Vous estes honneste
Homme : et ie veux bien me confier
à vous, comme vous vous confiez à
moy.

LEANDRE.
Quoy, vous n'estes pas effectiue-
ment...

SGANARELLE.
Non, vous dis-ie, ils m'ont fait

Medecin malgré mes Dents. Ie ne
m'étois iamais meslé d'estre si sça-
uant que cela ; et toutes mes Estudes
n'ont esté que iusqu'en sixiesme. Ie
ne sçay point sur quoy cette Imagi-
nation leur est venuë : mais quand
i'ay veu qu'à toute force, ils vou-
loient que ie fusse Médecin, ie me
suis resolu de l'estre, aux Despens
de qui il appartiendra. Cependant,
vous ne sçauriez croire comment
l'erreur s'est respanduë: et de quelle
façon, chacun est endiablé à me
croire habile Homme. On me vient
chercher de tous les costez : et
si les choses vont toûjours de
mesme, ie suis d'auis de m'en tenir,
toute ma vie, à la Médecine. Ie
trouue que c'est le Mestier le meilleur de tous : car soit qu'on fasse
bien, ou soit qu'on fasse mal, on est
toûjours, payé de mesme sorte. La
méchante Besongne ne retombe ia-

mais sur nostre Dos : et nous taillons, comme il nous plaist, sur l'Etoffe où nous trauaillons. Vn Cordonnier en faisant des Souliers, ne sçauroit gâter vn morceau de Cuir, qu'il n'en paye les Pots cassez : mais icy, l'on peut gâter vn Homme, sans qu'il en couste rien. Les Beueues ne sont point pour nous : et c'est toûjours, la faute de celuy qui meurt. Enfin le bon de cette Profession, est qu'il y a parmy les Morts, vne honnesteté, vne discretion la plus grande du Monde; et iamais on n'en void se plaindre du Médecin qui l'a tüé.

LEANDRE.

Il est vray que les Morts sont fort honnestes Gens, sur cette matiere.

SGANARELLE.

Voyant des Hommes qui viennent vers luy.

Voila des Gens qui ont la mine de me venir consulter. Allez toûjours

m'attendre aupres du Logis de vostre Maitresse.

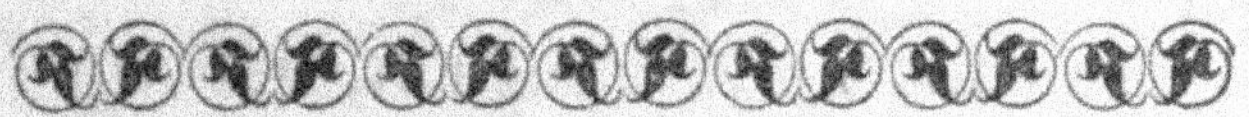

SCENE II.

THIBAVT, PERRIN,
SGANARELLE.

THIBAVT.

Onsiev, ie venons vous charcher, mon Fils Perrin et moy.

SGANARELLE.
Qu'y a-t-il?

THIBAVT.
Sa pauure Mere, quia nom Pa-
rette est dans vn Lit, Malade, il y a
six mois.

SGANARELLE.

Tendant la main, comme pour receuoir de l'Argent.

Que voulez-vous que i'y fasse?

THIBAVT.

Ie voudrions, Monsieu, que vous nous baillissiez quelque petite droslerie pour la garir.

SGANARELLE.

Il faut voir dequoy est-ce qu'elle est Malade.

THIBAVT.

Alle est Malade d'Hipocrisie, Monsieu.

SGANARELLE.

D'hypocrisie.

THIBAVT.

Oüy, c'est à dire qu'alle est enflée par tout, et l'an dit que c'est quantité de seriositez qu'alle a dans le Corps, et que son Foye, son Ventre, ou sa Ratte, comme vous voudrais l'appeller, au glieu de faire du Sang,

ne fait plus que de Liau. Alle a de deux
iours l'un, la Fieure quotiguenne,
auec des lassitules et des douleurs
dans les Mufles des Iambes. On en-
tend dans sa Gorge, des Fleumes qui
sont tout prests à l'étoufer: et, par fois,
il luy prend des Sincoles, et des Con-
uersions, que ie crayons qu'alle est
passée. I'auons dans notte Village,
vn Apothiquaire, reuerance parler,
qui ly a donné ie ne sçay combien
d'Histoires : et il m'en couste plus
d'eune douzaine de bons escus, en
Lauemens, ne vs'en déplaise, en
Apostumes, qu'on l'y a fait prendre,
en Infections et Iacinthe, et en Por-
tions Cordales. Mais tout-ça, comme
dit l'autre, n'a esté que de l'Onguent
miton-mitaine. Il veloit ly bailler
d'eune certaine Drogne que l'on appelle du vin Ametile : mais i'ay-s-
eu peur, franchement, que ça l'en-
uoyist à patres, et l'an dit que ces

gros Médecins tüont ie ne sçay combien de Monde, auec cette Inuention là.

SGANARELLE.

Tendant toûjours la main, et la branlant, comme pour signe qu'il demande de l'Argent.

Venons au Fait, mon Amy, venons au Fait.

THIBAVT.

Le fait est, Monsieu, que ie venons vous prier de nous dire ce qu'il faut que ie fassions.

SGANARELLE.

Ie ne vous entens point du tout.

PERRIN.

Monsieu, ma Mere est Malade, et vela deux Escus que ie vous apportons, pour nous bailler queuque Remede.

SGANARELLE.

Ah! ie vous entens, vous. Voila vn Garçon qui parle clairement, qui s'explicque comme il faut. Vous dites que vostre Mere est malade d'Hydropisie, qu'elle est enflée par tout le Corps, qu'elle a la Fieure, auec des Douleurs dans les Iambes : et qu'il luy prend, par fois, des Sincopes, et des Conuulsions, c'est à dire des Euanouïssemens.

PERRIN.
Eh oüy, Monsieu, c'est iustement ça.

SGANARELLE.
I'ay compris d'abord, vos parolles. Vous auez vn Pere qui ne sçait ce qu'il dit. Maintenant, vous me demandez vn Remede?

PERRIN.
Oüy, Monsieu.

SGANARELLE.
Vn Remede pour la guerir?

PERRIN.
C'est comme ie l'entendons.

SGANARELLE.

Tenez, voila vn morceau de Fromage, qu'il faut que vous luy fassiez prendre.

PERRIN.

Du Fromage, Monsieu?

SGANARELLE.

Oüy, c'est vn Formage preparé, où il entre de l'Or, du Coral, et des Perles, et quantité d'autres choses precieuses.

PERRIN.

Monsieu, ie vous sommes bien obligez : et i'alons ly faire prendre ça tout à l'heure.

SGANARELLE.

Allez. Si elle meurt, ne manquez pas de la faire enterrer du mieux que vous pourrez.

SCENE III.

IACQVELINE, SGANARELLE, LVCAS.

SGANARELLE.

Voicy la belle Nourrice. Ah Nourrice de mon cœur, ie suis rauy de cette rencontre : et vostre veuë est la Rhubarbe, la Casse et le Sené, qui purgent toute la Melancholie de mon Ame.

IACQVELINE.

Par ma figué, Monsieu le Médecin, ça est trop bian dit pour moy : et ie n'entens rien à tout votte Latin.

SGANARELLE.

Deuenez malade, Nourrice, ie vous

prie, deuenez malade pour l'amour de moy. I'aurois toutes les ioyes du Monde, de vous guerir.

IACQVELINE.

Ie sis votte Saruante, i'ayme bian mieux qu'an ne me guerisse pas.

SGANARELLE.

Que ie vous plains, belle Nourrice, d'auoir vn Mary ialous et fascheux, comme celuy que vous auez!

IACQVELINE.

Que velez vous, Monsieu, c'est pour la Penitence de mes Fautes: et là où la Cheure est liée, il faut bian qu'alle y broute.

SGANARELLE.

Comment, vn Rustre comme cela? Vn Homme qui vous obserue, toûjours, et ne veut pas que Personne vous parle!

IACQVELINE.

Helas! vous n'auez rien veu en-

core : et ce n'est qu'vn petit échan-
tillon de sa mauuaise humeur.

SGANARELLE.

Est-il possible, et qu'vn Homme
ait l'Ame assez basse, pour maltrait-
ter vne Personne comme vous? Ah
que i'en sçais, belle Nourrice, et qui
ne sont pas loin d'icy, qui se tien-
droient heureux de baiser, seulement, les petits bouts de vos Petons.
Pourquoy faut-il qu'vne Personne
si bien faite, soit tombée en de telles
mains : et qu'vn franc Animal, vn
Brutal, vn Stupide, vn Sot... Par-
donnez moy, Nourrice, si ie parle
ainsi de vostre Mary.

IACQVELINE.

Eh, Monsieu, ie sçay bian qu'il
merite tous ces Noms-là.

SGANARELLE.

Oüy, sans doute, Nourrice, il les
merite : et il meriteroit encore, que
vous luy missiez quelque chose sur

la Teste, pour le punir des Soupçons qu'il a.

IACQVELINE.

Il est bien vray, que si ie n'auois, deuant les yeux, que son interest, il pourroit m'obliger à queuque étrange chose.

SGANARELLE.

Ma Foy, vous ne feriez pas mal, de vous vanger de luy, auec quelqu'vn. C'est vn Homme, ie vous le dy, qui merite bien cela : et si i'estois assez heureux, belle Nourrice, pour estre choisi pour...

En cét endroit, tous deux apperceuant Lucas qui estoit derriere eux, et entendoit leur Dialogue, chacun se retire de son costé, mais le Medecin d'vne maniere fort plaisante.

SCENE IV.

GERONTE, LVCAS.
GERONTE.

HOLA, Lucas, n'as-tu point veu
icy, nostre Médecin?
LVCAS.
Et oüy, de par tous les Diantres,
ie l'ay veu, et ma Femme aussi.
GERONTE.
Où est-ce, donc, qu'il peut estre?
LVCAS.
Ie ne sçay : mais ie voudrois qu'il
fust à tous les Guebles.
GERONTE.
Va-t-en voir vn peu, ce que fait
ma Fille.

SCENE V.

SGANARELLE, LEANDRE, GERONTE.

GERONTE.

Aн! Monsieur, ie demandois où vous estiez?

SGANARELLE.

Ie m'estois amusé dans vôtre Cour, à expulser le superflu de la Boisson. Comment se porte la Malade?

GERONTE.

Vn peu plus mal, depuis vostre Remede.

SGANARELLE.

Tant mieux. C'est signe qu'il opere.

GERONTE.

Oüy, mais en operant, ie crains qu'il ne l'étoufe.

SGANARELLE.

Ne vous mettez pas en peine : i'ay des Remedes qui se mocquent de tout, et ie l'attens à l'Agonie.

GERONTE.

Qui est cét Homme-là, que vous amenez ?

SGANARELLE.

Faisant des signes auec la main que c'est vn Apoticaire.

C'est.

GERONTE.

Quoy ?

SGANARELLE.

Celuy.

GERONTE.

Eh.

SGANARELLE.

Qui.

GERONTE.

Ie vous entens.

SGANARELLE.
Vostre Fille en aura besoin.

SCENE VI.

IACQVELINE, LVCINDE,
GERONTE, LEANDRE,
SGANARELLE.

IACQVELINE.

MONSIEV, vela vostre Fille qui veut vn peu marché.

SGANARELLE.

Cela luy fera du bien. Allez-vous en, Monsieur l'Apothiquaire, taster vn peu son Pouls, afin que ie raisonne tantost, auec vous, de sa Maladie.

En cét endroit, il tire Geronte à vn bout du Theatre, et luy passant vn bras sur les épaules, luy rabat la main sous le menton, auec laquelle il le fait retourner vers

Monsieur, c'est vne grande et sub-
tile question entre les Doctes, de
sçauoir si les Femmes sont plus fa-
ciles à guerir que les Hommes? Ie
vous prie d'écouter cecy, s'il vous
plaist. Les vns disent que non, les
autres disent que oüy : et moy ie dis
que oüy, et non. Dautant que l'In-
congrüité des Humeurs opaques,
qui se rencontrent au Temperament
naturel des Femmes, estant cause
que la Partie Brutale veut tousiours
prendre empire sur la Sensitiue, on
void que l'inégalité de leurs opinions,
dépend du Mouuement oblique, du
Cercle de la Lune : et comme le
Soleil qui darde ses Rayons sur la
Concauité de la Terre, trouue...

LVCINDE.

Non, ie ne suis point du tout capable de changer de sentimens.

GERONTE.

Voila ma Fille qui parle. O grande Vertu du Remede ! ô admirable Médecin ! Que ie vous suis obligé, Monsieur de cette guerison merueilleuse : et que puis-ie faire pour vous, apres vn tel seruice !

SGANARELLE.

Se promenant sur le Theatre, et s'essuïant le Front.

Voila vne Maladie, qui m'a bien donné de la peine !

LVCINDE.

Oüy, mon Pere, i'ay recouuré la parole : mais ie l'ay recouurée pour vous dire, que ie n'auray iamais d'autre Espous que Leandre, et que c'est inutilement que vous voulez me donner Horace.

GERONTE.

Mais....

LVCINDE.

Rien n'est capable d'esbranler la Resolution que i'ay prise.

GERONTE.

Quoy!...

LVCINDE.

Vous m'opposerez en vain de belles Raisons.

GERONTE.

Si....

LVCINDE.

Tous vos Discours ne seruiront de rien.

GERONTE.

Ie....

LVCINDE.

C'est vne chose où ie suis determinée.

GERONTE.

Mais....

LVCINDE.

Il n'est Puissance Paternelle, qui me puisse obliger à me marier malgré moy.

GERONTE.

I'ay...

LVCINDE.

Vous auez beau faire tous vos efforts.

GERONTE.

Il....

LVCINDE.

Mon cœur ne sçauroit se soûmettre à cette tyrannie.

GERONTE.

Là...

LVCINDE.

Et ie me ietteray plustost dans vn
Conuent, que d'espouser vn Homme
que ie n'ayme point.

GERONTE.

Mais...

LVCINDE.

Parlant d'vn ton de voix à étourdir.

Non. En aucune façon. Point
d'affaires. Vous perdez le temps. Ie
n'en feray rien. Cela est resolu.

GERONTE.

Ah! quelle impétüosité de Paroles,

il n'y a pas moyen d'y resister.
Monsieur, ie vous prie de la faire
redeuenir muette.

SGANARELLE.

C'est vne chose qui m'est impos-
sible. Tout ce que ie puis faire pour
vostre seruice, est de vous rendre
sourd, si vous voulez.

GERONTE.

Ie vous remercie. Penses - tu
donc....

LVCINDE.

Non, toutes vos raisons ne gagne-
ront rien sur mon Ame.

GERONTE.

Tu épouseras Horace, dés ce soir.

LVCINDE.

l'épouseray plustost la Mort.

SGANARELLE.

Mon Dieu, arrestez-vous, laissez-
moy medicamenter cette Affaire.
C'est vne Maladie qui la tient : et ie
sçais le Remede qu'il y faut apporter.

GERONTE.

Seroit-il possible, Monsieur, que vous pussiez, aussi, guerir cette Maladie d'esprit?

SGANARELLE.

Oüy, laissez-moy faire, i'ay des Remedes pour tout : et nostre Apothiquaire nous seruira pour cette Cure.

Il appelle l'Apoticaire et luy parle.

Vn mot. Vous voyez que l'ardeur qu'elle a pour ce Leandre, est tout à fait contraire aux volontez du Pere, qu'il n'y a point de temps à perdre, que les Humeurs sont fort aigries, et qu'il est necessaire de trouuer promptement vn Remede à ce Mal qui pourroit empirer par le retardement. Pour moy ie n'y en vois qu'vn seul, qui est vne prise de Fuitte Purgatiue, que vous meslerez comme il faut, auec deux Drachmes de Matrimonium en Pilules. Peut-estre fera-t'elle quelque difficulté à prendre ce Remede : mais comme vous estes habile Homme dans vostre Métier, c'est à vous de l'y resoudre, et de luy faire aualler la chose du mieux que vous pourrez. Allez vous-en luy faire faire vn petit tour de Iardin, afin de preparer les Humeurs, tandis que i'entretiendray icy son Pere : mais sur tout, ne perdez point de temps. Au Remede, viste, au Remede specifique.

SCENE VII.

GERONTE, SGANARELLE.
GERONTE.

QVELLES Drogues, Monsieur, sont celles que vous venez de dire? Il me semble que ie ne les ay iamais, oüy nommer.

SGANARELLE.
Ce sont Drogues dont on se sert dans les nécessitez vrgentes.

GERONTE.
Auez vous iamais, veu vne insolence pareille à la sienne?

SGANARELLE.
Les Filles sont quelquefois, vn peu testuës.

GERONTE.

Vous ne sçauriez croire comme
elle est affollée de ce Leandre.

SGANARELLE.

La Chaleur du Sang, fait cela dans
les ieunes Esprits.

GERONTE.

Pour moy, dés que i'ai eu décou-
uert la violence de cét Amour, i'ay
sçeu tenir toûjours ma Fille renfermée.

SGANARELLE.

Vous auez fait sagement.

GERONTE.

Et i'ay bien empesché qu'ils n'ayent
eu communication ensemble.

SGANARELLE.

Fort bien.

GERONTE.

Il seroit arriué quelque folie, si
j'auois souffert qu'ils se fussent veus.

SGANARELLE.

Sans doute.

GERONTE.
Et ie croy qu'elle auroit esté Fille à s'en aller auec luy.

SGANARELLE.
C'est prudemment, raisonné.

GERONTE.
On m'auertit qu'il fait tous ses efforts pour luy parler.

SGANARELLE.
Quel Drosle!

GERONTE.
Mais il perdra son temps.

SGANARELLE.
Ah, ah.

GERONTE.
Et i'empescheray bien qu'il ne la voye.

SGANARELLE.
Il n'a pas affaire à vn Sot, et vous sçauez des Rubriques, qu'il ne sçait pas; plus fin que vous n'est pas beste.

SCENE VIII.

LVCAS, GERONTE, SGANARELLE.

LVCAS.

AH palsanguenne, Monsieu, vaicy bian du tintamarre, votte Fille s'en est enfuye auec son Liandre, c'estoit luy qui estoit l'Apothiquaire, et vela Monsieu le Médecin, qui a fait cette belle Operation là.

GERONTE.

Comment, m'assassiner de la façon. Allons, vn Commissaire, et qu'on empesche qu'il ne sorte. Ah Traistre, ie vous feray punir par la Iustice.

10.

LVCAS.

Ah par ma fy, Monsieu le Médecin, vous serez pendu, ne bougez de
là seulement.

SCENE IX.

MARTINE, SGANARELLE, LVCAS.

MARTINE.

AH! mon Dieu, que i'ay eu de
peine à trouuer ce Logis :
dites-moy vn peu des Nou-
uelles du Médecin que ie vous ay
donné.

LVCAS.

Le vela, qui va estre pendu.

MARTINE.

Quoy, mon Mary pendu, helas
et qu'a-t'il fait pour cela.

LVCAS.
Il a fait enleuer la Fille de notte
Maistre.

MARTINE.
Helas ! mon cher Mary, est-il bien
vray qu'on te va pendre.

SGANARELLE.
Tu vois, ah.

MARTINE.
Faut-il que tu te laisses mourir
en presence de tant de Gens ?

SGANARELLE.
Que veux-tu que i'y fasse.

MARTINE.
Encore, si tu auois acheué de
couper nostre Bois, ie prendrois
quelque consolation.

SGANARELLE.
Retire-toy de là, tu me fends le
cœur.

MARTINE.
Non, ie veux demeurer pour t'en-
courager à la Mort : et ie ne te quit-

teray point, que ie ne t'aye veu
pendu.

SGANARELLE.

Ah.

SCENE X.

GERONTE, SGANARELLE,
MARTINE, LVCAS.

GERONTE.

LE Commissaire viendra bien-
tost, et l'on s'en va vous
mettre en lieu, ou l'on me
respondra de vous.

SGANARELLE.
Le Chapeau à la main.

Helas, cela ne se peut-il point
changer en quelques coups de bâton.

GERONTE.

Non, non, la Iustice en ordonnera.
Mais que vois-ie.

SCENE XI.

et derniere.

**LEANDRE, LVCINDE,
IACQVELINE, LVCAS,
GERONTE, SGANARELLE,
MARTINE.**

LEANDRE.

ONSIEVR, ie viens faire paroistre Leandre à vos yeux, et remettre Lucinde en vostre pouuoir, nous auons eu dessein de prendre la fuite nous deux, et de nous aller marier ensemble : mais

cette entreprise a fait place à vn pro-
cedé plus honneste : ie ne pretens
point vous voller vostre Fille, et ce
n'est que de vostre main que ie veux
la receuoir : ce que ie vous diray,
Monsieur, c'est que ie viens tout à
l'heure de receuoir des Lettres, par
ou i'apprens que mon Oncle est
mort, et que ie suis Heritier de tous
ses Biens.

GERONTE.

Monsieur, vostre Vertu m'est tout
à fait considerable, et ie vous donne
ma Fille, auec la plus grande ioye du
Monde.

SGANARELLE.

La Medecine l'a eschappé belle.

MARTINE.

Puisque tu ne seras point pendu,
rens-moi grace d'estre Médecin : car
c'est moy qui t'ay procuré cét Honneur.

SGANARELLE.

Oüy, c'est toy qui m'as procuré ie ne sçay combien de coups de Baston.

LEANDRE.

L'effet en est trop beau, pour en garder du ressentiment.

SGANARELLE.

Soit, ie te pardonne ces coups de Baston, en faueur de la Dignité ou tu m'as esleué : mais prepare toy desormais à viure dans vn grand respect auec vn Homme de ma consequence, et songe que la Colere d'vn Médecin est plus à craindre qu'on ne peut croire.

FIN.

A PARIS

DES PRESSES DE D. JOUAUST

RUE SAINT-HONORÉ, 338

M DCCC LXXIV

www.ingramcontent.com/pod-product-compliance
Lightning Source LLC
LaVergne TN
LVHW050622060726
842527LV00004B/1159